AF313866

BIBLIOTHÈQUE D'ART MODERNE

J. F. MILLET

PAR

CHARLES YRIARTE

Inspecteur des Beaux-Arts.

BIBLIOTHÈQUE D'ART MODERNE

J. F. MILLET

J. F. MILLET.

Gravure de Tourfaut, d'après un dessin de Bocourt.

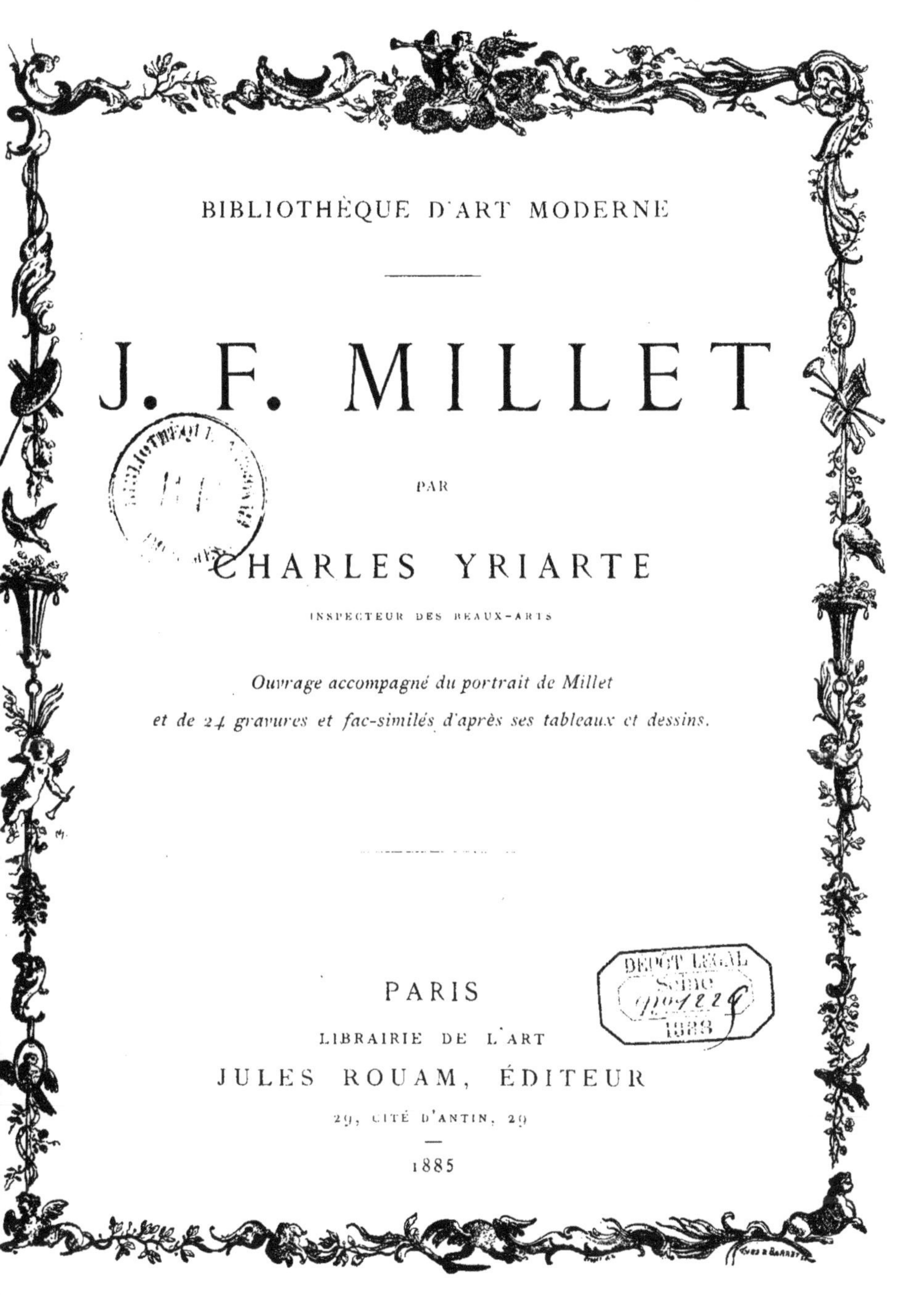

J. F. MILLET

PAR

CHARLES YRIARTE

INSPECTEUR DES BEAUX-ARTS

Ouvrage accompagné du portrait de Millet
et de 24 gravures et fac-similés d'après ses tableaux et dessins.

PARIS

LIBRAIRIE DE L'ART

JULES ROUAM, ÉDITEUR

29, CITÉ D'ANTIN, 29

1885

J. F. MILLET

EAN-FRANÇOIS MILLET est mort à Barbizon
le 20 janvier 1875, à l'âge de soixante ans.
L'artiste appartient par ses origines et par
ses tendances à cette pléiade des peintres
français contemporains qui, tout en professant l'admiration des maîtres et respectant leurs traditions,
demandaient directement à la nature et leurs inspirations et leur mode d'exécution. Dans ce groupe
de novateurs, très discuté d'abord, très diversement
jugé, mais dont l'heure est arrivée depuis longtemps
déjà, le peintre de l'*Angelus* représente une tendance très personnelle. A côté de ceux dont le nom
est illustre, il reste original, et comme penseur et
comme peintre. Moins esthétique dans son langage
que quelques-uns d'entre eux, il se dégage cependant de son œuvre, pris dans son entier, toute une doctrine et toute
une philosophie d'art.

La vie de François Millet n'est point mouvementée; il est né pour la peinture à une époque où déjà ses aînés avaient triomphé des préjugés de leur temps. A force de conviction et de talent, après avoir appris à la foule des noms auxquels la persécution faisait une sorte d'auréole, ces artistes avaient forcé l'admiration de leurs adversaires et obtenu de haute lutte des récompenses qu'on n'accorde point d'ordinaire à des novateurs dont les principes étaient naguère regardés comme subversifs.

Homme de famille, nature sédentaire, vivant en pleine campagne, attaché au travail et par tempérament et par nécessité, fécondant et remuant son champ chaque jour comme ces paysans qu'il a peints, il n'y a nul épisode dans l'existence de Millet, rien d'inattendu, rien de brillant; ni lueur, ni apothéose, ni combats ardus et décisifs.

Mais ce n'est cependant pas une péripétie vulgaire que cette lutte constante avec la nature, cette recherche incessante de la vérité, cette poursuite sans trêve d'un idéal de rendu qui traduira l'impression, et la fera éprouver au spectateur aussi vive, aussi profonde qu'elle aura été ressentie par l'artiste.

Ce paysan silencieux, chaussé de sabots, à la barbe grisonnante, au dos légèrement voûté, qui, planté debout dans un champ, cligne des yeux et regarde les brouillards du soir envelopper peu à peu la terre, est un peintre qui travaille, qui observe et demande à la nature les secrets de ses merveilleuses harmonies. La lutte est muette, elle est âpre cependant, et elle n'a cessé la veille que pour recommencer au point du jour.

C'est donc dans l'œuvre de Millet que nous devons chercher Millet lui-même. Il s'y révèle d'ailleurs tout entier, sous tous ses aspects; et, n'eût-on rien su de son existence privée, on eût pu certainement la reconstruire en parcourant son domaine, en étudiant une à une chacune de ses œuvres. Il est de ceux qui cachent leur vie, digne et

Fac-similé d'une gravure d'Edmond Hédouin, d'après le tableau de J. F. Millet.

pleine de travail, et qu'on peut connaître par leurs productions. Heureux les artistes qui, par un ton harmonieux ou une ligne austère ou terrible, évoquent chez le spectateur tout un monde de pensées et se révèlent ainsi tout entiers, avec leurs préoccupations, leurs inquiétudes, leurs convictions, leurs émotions sincères et leurs sentiments vrais !

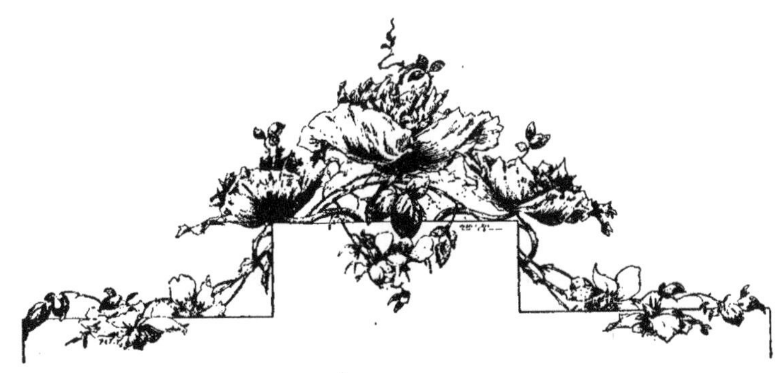

I

A carrière de Millet, comme peintre, comprend trente années de sa vie; c'est vers 1844 que son nom est remarqué pour la première fois, dans les expositions. Né à Gréville, dans la Manche, il avait suivi d'abord les leçons de Mouchel, puis était venu à Paris étudier chez Paul Delaroche; en quatre ou cinq années, sa personnalité se dégagea tout à fait des tentatives, toujours un peu confuses, des premiers débuts. Il est curieux de voir, à trente ans de distance, les toiles historiques peintes par Millet, sous l'influence de l'école à laquelle il s'était rattaché. L'*Œdipe détaché de l'arbre* et les *Juifs à Babylone* indiquent une prestesse et une habileté d'exécution que l'artiste s'empressa d'oublier bien vite et pour lesquelles il n'eut plus que du mépris. On ne pourrait point dire que les œuvres qu'il a signées depuis 1844 jusqu'à 1849 constituent une manière; elles sont le résultat presque toujours inévitable des tâtonnements d'une personnalité artistique qui va se dégager. Mais à côté du peintre des paysans, qui se révèle

LA PETITE BERGÈRE.
Dessin d'Edmond Yon, d'après un dessin de J. F. Millet; gravure de Perrichon.

pleinement dès 1849, et qui commence à écrire les premières pages
de son œuvre, vaste poème qui pourrait s'appeler « *la Terre* », il y

LA GARDEUSE D'OIES.

Dessin et gravure d'Edmond Yon, d'après le tableau de J. F. Millet.

a un ensemble de toiles, signées de 1848 jusqu'à 1858, qui toutes ont le même aspect, sont conçues dans le même esprit, et ont, avec les mêmes qualités, les mêmes défauts et le même cachet : ce sont celles-là qu'on pourrait plus justement regarder comme caractérisant une manière à côté de celle qu'il a adoptée définitivement. Ces toiles sont assez nombreuses, elles représentent pour la plupart des *Baigneuses,* sur des fonds de verdure, des groupes amoureux cachés dans les feuillages, des *Dénicheurs,* des *Idylles* rustiques et des épisodes de la vie champêtre. Quelques-uns de ces épisodes ne sont pas sans grâce et, par la silhouette générale, font déjà pressentir l'artiste qui, plus tard, fera de la ligne générale de son tableau son importante préoccupation et son grave souci. L'exécution de ces toiles est très habile, peu poussée, et la tonalité en est généralement agréable; il y a dans les chairs de ses baigneuses des tons nacrés qu'il a à tout jamais bannis de ses toiles, et ceux qui les ont regardées en gens du métier se souviendront certainement de cette ligne d'un brun roux qui cerne habilement les extrémités. Chez l'homme qui plus tard poussera si loin la recherche de l'enveloppe, ce procédé facile indique au contraire l'artiste qui exécute « de chic », sans se préoccuper de la lumière qui dore les contours et de cette brume idéale qui, dans le plein air, les rend toujours confus, baignant les corps dans une atmosphère ambrée ou humide, selon l'heure du jour et selon le ciel qui éclaire la scène.

Nous devons ajouter, pour être sincère, qu'un certain public abandonna Millet justement à partir du jour où il renonça à cette facile production, dictée sans doute par ces nécessités qui assiègent un artiste chargé de famille, qui doit compter chaque matin avec la vie pratique, et pour lequel la réalisation de son idéal et la recherche lente et consciencieuse de la vérité n'amènent souvent que la rude misère et parfois la mort.

Millet a raconté lui-même qu'un jour, comme il s'était arrêté à la

LA LESSIVEUSE.

Dessin d'Edmond Yon, d'après le tableau de J. F. Millet; gravure de Martin.

vitrine d'un marchand de tableaux, regardant furtivement une de ces
œuvres de ses premiers temps, il entendit un spectateur dire à son
voisin : « C'est de Millet, ce peintre qui fait toujours des nudités. »
Là où il ne voyait qu'une vente facile et utile aux siens, un passant
banal voyait peut-être une spéculation licencieuse; et Millet, ce grand
honnête homme qu'un soupçon ne pouvait effleurer, renonça à tout
jamais à peindre ces sujets demandés.

A partir de 1850, on peut suivre facilement dans les expositions
annuelles le développement de ce talent, dans les sujets agrestes qu'il
a abordés pour ne plus les quitter. Millet s'est fixé à la campagne, à
Barbizon; il vit à la lisière de la forêt de Fontainebleau, en communi-
cation constante avec Théodore Rousseau pour lequel il professe autant
d'admiration que d'estime, et qui aura sur lui une influence très active.
Ce n'est point qu'il sacrifie son originalité et se fasse le disciple du
grand artiste, mais Rousseau est une nature puissante, un esprit élevé
qui raisonne admirablement et exprime ses idées avec autant de sûreté
qu'il les sait rendre : il y a là pour Millet une source féconde
d'enseignement et un constant encouragement dans la voie qu'il vient
de se frayer.

En 1849, l'artiste avait envoyé au Salon trois toiles : la *Paysanne
assise*, — les *Semeurs*, — les *Botteleurs*. En 1852, il exposa les *Moissonneurs*, — un *Berger*, — les *Tondeurs de moutons*; en 1855, un
Paysan greffant un arbre; en 1857, les *Glaneuses*.

Millet cherchait sa formule d'exécution; à partir de ce moment
jusqu'à sa mort il ne se modifie plus, il s'affirme dans ses idées, il va
plus avant dans son mode de rendu; il base toute sa science sur
l'observation; avant d'être un peintre au sens strict du mot, il est
positivement un observateur; il épie la nature en silence; il veut
rendre les grandes phases par lesquelles elle passe. Il ne lui suffit
plus de donner l'impression des saisons, de la température, de l'atmo-

JEUNE PAYSAN DE BARBIZON.

Dessin au crayon noir par J. F. Millet.

sphère, de l'épiderme des choses : motte de terre, touffe de bruyère dans les grandes plaines, sol détrempé par la pluie, neige sourde, arbres morts aux branches noircies qui accrochent un flocon neigeux, feuilles jaunies jonchant un sol gercé et couvert de givre qui crie sous le pied du paysan; il saisira l'insaisissable, il peindra l'air lui-même, humide et lourd, la pluie qui tombe serrée, drue, le nuage cotonneux au ton d'encre qui va crever sur les sillons. Et dans ce cadre approprié, sur ces fonds d'une justesse rare, il va détacher ses compositions dont l'ensemble formera le poème de *la Terre*. La nature est son vaste champ, il se fait paysan; il écrit, à sa façon, des *Géorgiques,* auxquelles il manque peut-être tout un côté gracieux, pour que ce mot s'applique à l'œuvre avec toute justesse.

A la porte même de cet atelier construit à la lisière d'un bois, il assiste aux semailles, éternel mystère et joie éternelle! Et Millet peint son *Semeur* qui, d'un beau geste, confie aux entrailles de la terre la semence qu'elle rendra au centuple. Détachez la figure sur un fond d'or, supprimez l'exécution, ne considérez dans ce paysan accomplissant banalement sa fonction sacrée, que la ligne générale et sa silhouette, et vous avez une œuvre qui a certainement son côté épique.

Le grain a germé, le brin d'herbe est devenu un épi, le vent a balancé dans les champs les blés alourdis, l'heure de la moisson est venue : il peint les *Moissonneurs*. Déjà on dresse la meule massive, qui penche toujours d'un côté; l'orage pourrait venir; là-bas à la lisière, un nuage noir, chargé de pluie, lutte contre un pâle soleil d'automne; et l'artiste peint cette vaste scène où, courbés sur leurs fourches, actifs, haletants, les *Botteleurs* redoublent d'ardeur pour finir leur tâche avant la pluie. Choisissez dans l'ensemble et vous aurez, je le répète, tous les chants du poème avec ses mille épisodes variés.

Le *Paysan greffant un arbre* (1855), la *Tondeuse de moutons* (1861), la *Récolte des pommes de terre,* le *Berger ramenant son troupeau* (1863),

BERGER GARDANT SON TROUPEAU; EFFET D'AUTOMNE.

Fac-similé d'un dessin de François Du Mont, d'après J. F. Millet.

les *Paysans rapportant à leurs habitations un veau né dans les champs* (1864), la *Veillée,* la *Femme cardant la laine,* le *Retour du travail,* la *Baratteuse,* la *Lessiveuse* : autant d'épisodes, autant de chapitres.

Après avoir célébré à sa façon la vie du paysan, il va nous rendre la poésie des champs et l'impression profonde des *Heures* : le *Matin,* avec les tendresses de ton des nuages rayés de lueurs rosées;

L'heure chaude du *Midi* et le repos des moissonneurs :

> *Midi,* roi des étés, épandu sur la plaine,
> Tombe en nappe d'argent des hauteurs du ciel bleu.
>
> . . . .

Le *Soir,* mélancolique et silencieux; il semble que peu à peu des voiles noirs, légers d'abord, puis plus épais, tombent un à un et enveloppent la terre. La lisière de la forêt est incertaine, est-ce un arbre, est-ce la silhouette indécise d'une meule ou le toit de la ferme qui se détache sur le ciel?

> . . . .
> Prends garde de choir,
> La terre le soir
> Est brune.

La *Nuit,* recueillie, paisible, pleine de vagues bruits qui ressemblent à des soupirs.

> Voyez! la lune monte à travers le feuillage!
> Ton regard tremble encor, belle reine des nuits.

Ce regard qui *tremble encore,* ces impressions indicibles, et surtout ce scintillement de l'astre nocturne, qui ne semblent point du domaine de la peinture et qui nous portent à appeler à notre aide les plus grands noms de la poésie, Millet les a rendus mieux que personne dans le *Parc aux moutons.*

LES BÊCHEURS.

Fac-similé d'un dessin de François Du Mort, d'après le pastel de J. F. Millet.

Nous ferons plus tard les restrictions qu'exige le jugement sincère qu'on doit porter sur l'œuvre, mais après avoir peint la nature en artiste profond et pénétré de son sentiment intime, après avoir fait éprouver, en face de ses toiles, les impressions mêmes qu'on ressent dans la vie des champs, l'artiste s'élève encore. Il y a en lui un être pénétré, ému, recueilli, religieux. On peut dire à coup sûr et sans avoir jamais soulevé de discussions morales avec lui, qu'il y avait dans ce peintre un humanitaire au sens philosophique du mot. Peut-être, assis à cet observatoire sommaire qu'il avait construit dans son jardin pour épier la nature[1], a-t-il surpris dans son recueillement presque sublime le paysan qui lui a servi de modèle pour peindre l'*Angelus*. Mais il a pu le deviner et composer cette grande et simple scène. Un tel tableau est à coup sûr d'un très grand artiste, l'amateur éclairé qui le possède peut en être fier à juste titre.

La poésie du foyer a trouvé encore en Millet un grand interprète; il y revenait souvent et sous bien des formes, car on compte dans l'œuvre six compositions, plus ou moins variées, intitulées : *la Veillée*. A la lueur d'une lampe qui scintille, la femme tricote, l'homme tresse un panier, l'enfant dans son berceau dort sous l'œil de sa mère, le feu couve sous la cendre chaude, le chat somnolent se frotte au pan d'un mur; en dehors du pâle rayon de la lampe, toutes les formes sont estompées et indécises : tout respire la paix, le silence, et la pauvreté. On sent que l'homme qui a peint de telles scènes avait vécu de cette vie-là. Millet avait été berger; le soir il allait à l'école et la vie des champs était sa vie; sans doute il revenait en arrière quand il composait ses toiles et cherchait ses sujets, sa mémoire évoquait les

---

1. Millet avait enlevé quelques pierres de son mur afin d'avoir, presque au niveau du sol, une vue sur la campagne, et là, assis sur un tas de pierres, il passait des heures en contemplation. Les grands effets du soir, qui ont fait partie de la collection de M. Gavet, ont été exécutés après de très longues heures d'observation pendant lesquelles il semblait noter avec ordre dans son cerveau les procédés de la nature.

BERGÈRE ET SON TROUPEAU; EFFET DE COUCHER DE SOLEIL.

Fac-similé d'un dessin de François Du Mont, d'après J. F. Millet.

scènes de son enfance, et, fort désormais de sa constante observation, il prenait le thème dans ses souvenirs et l'exécutait en maître.

Le paysan de Millet a l'aspect abrupt, la démarche pesante et l'écorce rude; sa compagne, presque farouche, a banni toute recherche, elle cache ses cheveux sous une coiffe, dissimule sa taille sous un tricot sans forme; nulle grâce étudiée, nulle intention coquette, l'œil est terne, jamais un sourire n'illumine cette face hâlée par le soleil. C'est évidemment là l'écueil de l'œuvre, c'est le point par lequel les gens du monde sont restés, pour la plupart, et quoi qu'ils en disent, réfractaires au talent de Millet. Sans vouloir se faire un orgueilleux monopole de l'intelligence des choses artistiques, on peut dire que rien, dans l'artiste qui nous occupe, n'est accessible à qui ne fait point de l'art sa principale étude, ou qui, tout au moins, ne porte pas en lui un vif sentiment de la nature. Le sentiment de Millet, pas plus que son exécution, n'est à la portée de tous, et nous en dirons la raison.

Ce sentiment est grave, austère, presque triste; l'idée philosophique, élevée comme elle l'est, demande un certain recueillement pour être comprise; la profondeur de l'impression, transmise par des moyens difficiles — si pénibles que les œuvres se ressentent parfois de la fatigue et des efforts de l'exécution — ne pénétrera que les cœurs bien ouverts aux poétiques impressions de la nature, et devra, pour arriver jusqu'à eux, passer par un œil sensible, expérimenté, habitué lui-même à l'observation des effets dont il faudra constater la justesse extraordinaire.

Il y a encore une autre restriction : le point de vue, pris en soi, est contraire à la tradition de l'École française, depuis Le Poussin, noble et grave, jusqu'aux Boucher, aux Pater et aux Lancret, galants et musqués. C'est une réaction juste, nécessaire, mais peut-être excessive comme toutes les réactions. Relisez dans le chapitre *de l'Homme*, de La

JEUNE MÈRE PRÉPARANT LE REPAS DE SA FAMILLE.

Dessin à la plume par J. F. Millet.

Bruyère, les dix lignes sur le paysan, et voyez si, dans sa simplicité, qui va un peu au delà du but, Millet n'a pas pris le même modèle à deux siècles de distance. « L'on voit certains animaux farouches, des mâles et des femelles, répandus par la campagne, noirs, livides et tout brûlés du soleil, attachés à la terre qu'ils fouillent et qu'ils remuent avec une opiniâtreté invincible : ils ont comme une voix articulée, et quand ils se lèvent sur leurs pieds, ils montrent une face humaine, et en effet ils sont des hommes. Ils se retirent la nuit dans des tanières où ils vivent de pain noir, d'eau et de racines; ils épargnent aux autres hommes la peine de semer, de labourer et de recueillir pour vivre, et méritent ainsi de ne pas manquer de ce pain qu'ils ont semé. »

N'est-ce pas là l'*Homme à la houe,* que l'imagination populaire, vivement frappée par un crime horrible qui avait eu un immense retentissement, baptisa le jour même de son apparition du nom d'un criminel devenu célèbre? Seulement, imbu de l'idée humanitaire, propice aux humbles, pénétré d'une immense charité pour celui qui se courbe sur les sillons, Millet, presque toujours, a fait passer dans son œuvre ces sentiments qui sont devenus l'Évangile de la société moderne, et il faut reconnaître, malgré la justesse du rapprochement, que ce qu'il y avait de cruel et de farouche dans le grand écrivain a été adouci.

Il reste cependant un parti, composé d'esprits élevés, qui trouve qu'il y avait une moyenne à prendre, et comme philosophie et comme expression plastique, entre les bergers du Poussin, ou (si l'on veut être plus humble) entre les paysans rêveurs de M. Jules Breton et les muets résignés de Millet; personne ne se dissimulera que c'est là le point précis sur lequel on pourrait longuement discuter. C'est une thèse que nous pourrions aborder avec intérêt, mais elle risquerait de nous entraîner en dehors du sujet, et il vaut mieux rester sur le terrain pratique de la production de l'artiste. Constatons toutefois, pour der-

VANNEUR A LA PORTE D'UNE GRANGE.

Sanguine par J. F. Millet.

BUCHERON ET SA FEMME DANS LA FORÊT; L'HIVER.

Fac-similé d'un dessin de François Du Mont, d'après J. F. Millet.

nière remarque, que, de cet ensemble auquel des théoriciens qui mêlent la politique à tout ont voulu prêter des idées tout à fait étrangères à l'artiste, il ne se dégage pas une seule fois un sentiment de protestation sociale, ni il ne s'élève un cri de révolte.

ous reproduisons quelques-unes des toiles les plus célèbres de Millet, la *Cueillette des haricots,* la *Lessiveuse,* la *Gardeuse d'oies,* et un de ses dessins : la *Petite Bergère.*

En envoyant à M. Paul Tesse la belle toile la *Bergère avec son troupeau* (n° 1362 du livret du Salon de 1864), appartenant aujourd'hui à M. Van Praet, ministre de la maison du Roi des Belges, l'artiste lui écrivait la lettre ci-contre, qui a son intérêt.

L'ensemble des toiles peintes par Millet n'est pas considérable, il exécutait difficilement, lentement, travaillait beaucoup son tableau et ne savait point se satisfaire. Comme la gestation de l'idée était lente et réfléchie, il équilibrait facilement ses compositions et les établissait assez rapidement, mais l'exécution le tourmentait ; il lui arrivait parfois de fixer à la plume sur le canevas ces grandes silhouettes, qu'on aurait cru plus lâchées et moins arrêtées sous la peinture ; puis, une fois ces lignes bien fixées et l'assiette irrévocablement établie, il préparait le tableau dans son ensemble, ce

Barbizon 12 février 1864

Mon cher Mr Tesse

Je vous remettrai demain Samedi 13 au courrier de Barbizon pour son départ de 6h ½ du soir, votre tableau bien encaissé Vous le recevrez sans doute Dimanche matin. Je souhaite que vous en soyez content à proportion du soin que j'ai mis à le faire quand vous l'aurez reçu vous voudrez bien me le faire savoir, & aussi si vous n'en êtes pas trop mécontent Je n'ai pas besoin de vous recommander de déplacer le tableau à une distance convenable pour le bien embrasser en son entier d'un seul coup d'œil car je crois que la composition demande qu'il soit vu ainsi.
Recevez je vous en prie madame poignée de main
J. F. Millet

.4

qui est à coup sûr le meilleur moyen d'arriver à l'harmonie. C'est ainsi que certaines œuvres qu'il a laissées inachevées, ainsi que des dessins commencés, semblent d'abord terminés, tout en restant d'une gamme au-dessous de leur valeur définitive. Millet avait un idéal de rendu qu'il n'a jamais atteint, il voulait exprimer l'épiderme des choses, le tissu, le grain, la toison, le bois, la terre, la matière textile de la plante ; et passant des objets tangibles à l'éther, aux vapeurs, aux miasmes même, il prétendait exprimer encore les brouillards légers, l'air brûlant du Midi, le scintillement de ces vibrants effluves qui, s'échappant de la terre pendant les embrasements de l'été, s'interposent entre nos yeux et le foyer du jour. Il est certain que le procédé de Millet est insaisissable, et l'homme du métier qui s'arrête devant ses toiles n'en parvient pas toujours à comprendre le mode d'exécution ; on peut dire que la touche n'existe plus.

Cette recherche constante eut d'ailleurs ses dangers ; l'artiste est arrivé parfois à une surdité de ton, une neutralité d'effet, une tristesse d'aspect qui font regretter, même dans ses meilleures toiles, certaines notes sonores qu'il a jetées au début de sa carrière, et qu'on retrouve, par exemple, dans le premier *Semeur*. De plus, quand il a cherché la justesse absolue du geste, qu'il trouvait parfois avec un rare bonheur — comme dans le mouvement du vieillard aveugle dans le *Tobie* — ou le côté épique de la ligne, s'il ne touchait point absolument le but, il arrivait à la pauvreté et à l'insuffisance. Comme tous les hommes d'un caractère très tranché et d'un génie original, il ne se trompait point à demi, et, le geste manqué, le charme de l'exécution, l'harmonie des tons et la sonorité de la note n'étaient pas là pour racheter le vice originel de la composition, comme cela arrivait chez Delacroix, par exemple.

Quelques-uns de ceux qui ont personnellement connu l'artiste diront si nous nous trompons, mais nos souvenirs ne nous indiquent pas plus

LAPINS SORTANT DE LEUR TERRIER; LE MATIN.

Fac-similé d'un dessin de Théophile Chauvel, d'après le pastel de J. F. Millet.

de quatre-vingts toiles signées du nom de Millet, et de sa manière
définitive. Il ne produisait guère plus de trois œuvres par année, mais
il faut porter à son avoir une énorme quantité de dessins et de pastels,
tout aussi importants que l'œuvre peint, et qui, disons-le hardiment,
sont peut-être plus *maître* au vrai sens du mot.

J'ai dit que Millet n'avait pas d'histoire et qu'il fallait le chercher
dans son œuvre ; mais à défaut de faits mouvementés, d'épisodes
curieux, d'anecdotes vives et de péripéties étranges, il faut constater
que, dans ce cerveau d'un peintre qui était un penseur, s'agitèrent à
une certaine époque bien des idées tumultueuses.

Ce fut vers 1863 qu'il voulut élargir son champ d'action ; passant
de la peinture anecdotique de la vie des champs aux grandes actions
générales, il voulait exprimer des idées d'une portée plus haute. Le
public ne le suivit point dans cette voie. Il donna le *Tobie* où, ayant
reproduit un épisode de la vie de famille, on lui prêta des idées
beaucoup plus ambitieuses que celles qu'il avait eues ; il peignit le
Bûcheron et la Mort, et cette toile ne fut pas comprise, ou du moins,
malgré de hauts suffrages, le sujet en soi ne fut point accepté.
Decamps avait été cependant très frappé du parti que Millet avait tiré
de ce squelette bien drapé, d'un beau geste, et qui, tout en saisissant
sa proie, dérobait au public son horrible face.

L'artiste revint alors aux sujets plus humbles, et, dans la sphère
où il se renferma, il alla aussi loin qu'il le put par la ligne et par
l'intensité de l'expression. Il eut, vers la même époque, l'occasion de
donner sa mesure dans un genre qui ne lui était point habituel. Un
amateur intelligent, auquel il fallut alors un certain courage pour
persister dans sa résolution, lui offrit une décoration de salle à manger
qui se composait de trois panneaux, avec figures grandes comme
nature, et d'un plafond central. C'était flatter le penchant secret de
l'artiste. Millet, à ses heures, rêvait de faire de la grande peinture ;

JEUNE BERGÈRE ASSISE SUR UNE BARRIÈRE.
Fac-similé d'un dessin de François Du Mont, d'après J. F. Millet.

on sait maintenant que la Direction des Beaux-Arts l'avait jugé capable
de grands efforts dans le sens décoratif. Millet avait été désigné pour
orner l'une des murailles de Sainte-Geneviève.

La salle à manger de M. S... n'existe plus, du moins à l'état
d'ensemble, elle était curieuse et intéressante; l'artiste avait donné
là une note nouvelle, sinon dans les panneaux, au moins dans le
plafond; nous ne croyons pas cependant, après un examen attentif,
qu'il faille regretter que le peintre de l'*Angelus* et de la *Bergère* ait
été enlevé avant d'avoir pu donner sa mesure définitive dans le grand
travail qu'on lui avait assigné. Qu'il eût trouvé des gestes épiques, de
grandes silhouettes nobles, et révélé de hautes qualités comme dessi-
nateur, cela n'est point douteux; mais nous pensons que ses défauts
se seraient exagérés en élargissant la scène de ses compositions, et
qu'il eût peut-être perdu ses qualités d'enveloppe en n'embrassant plus
d'un seul coup d'œil toute son œuvre rassemblée dans un petit espace.
Les trois panneaux de l'hôtel du boulevard Haussmann sont devenus
des tableaux séparés, ils représentent le *Printemps,* l'*Été* et l'*Hiver*.
Le *Printemps* est caractérisé par un jeune couple, Daphnis et Chloé,
dans un charmant paysage qui rappelle Corot, plage heureuse baignée
par la mer, où croissent les verts lauriers, où verdit la mousse à
la lisière d'un bois sacré. Comme paysagiste, l'artiste a rempli le
but : c'est la verdure nouvelle, l'air frais d'avril, la jeunesse du printemps; mais cette grâce virgilienne, cette suavité de la nature au
réveil après le sommeil de l'hiver, ne se retrouvent pas dans les
grandes figures.

Dans l'*Été,* il a repris le sujet si admirablement traité par lui dans
le pastel de M. Gavet : le *Repos de midi.* La plaine est brûlante et
le soleil consume, tout flamboie, l'air est pesant et lourd; à l'abri des
gerbes dorment les moissonneurs fatigués, d'autres luttent encore et
rassemblent les blés tombés sous la faucille. Au centre même du

MÉNAGÈRE BALAYANT SA MAISON.

Fac-similé d'un dessin de François Du Mont, d'après J. F. Millet.

tableau une paysanne nue sous le soleil, les seins gonflés, éclairée par
un rayon vertical, moissonneuse au teint hâlé, à la gorge abondante,
aux extrémités lourdes, offre sa gerbe au Dieu de la nature. L'impression brûlante du *Midi* est extraordinaire, on ne va pas plus loin dans
cet ordre d'idées-là, mais en voulant exprimer le rude travail et la
sincérité de la nature opposée aux réminiscences antiques des Daphnis,
des Terpsichores et des Cérès de Prud'hon, l'artiste va au delà du
but et l'on est en droit de se demander si, nue, elle aussi, dégagée de
toute convention artistique, et prise dans sa réalité sans apprêts, la
belle fille qui coupe sa gerbe dans la plaine de Barbizon ne révélerait
pas plus de grâce et de charme que cette Cérès rustique.

Le troisième panneau, l'*Hiver,* décèle les mêmes qualités d'impression au point de vue de l'atmosphère du paysage; personne n'a
d'ailleurs rendu les tons sourds de la neige foulée, comme l'a su faire
Millet.

C'est dans le plafond que, selon nous, l'artiste a donné une note
nouvelle. Il peint un ciel radieux derrière lequel le soleil se cache,
irisant de ses reflets les petits nuages bleus cernés d'or et les flocons
blancs pénétrés d'une poussière ambrée. C'est jeune, vif, gai, plein
de lumière et de profondeur. Il n'y a point de composition, une nuée
de petits Amours dans la demi-teinte émergent des nuages, étouffant
dans leurs bras bouffis les oiseaux sombres de la nuit. C'est d'un très
grand charme au point de vue de la couleur, et nous ne connaissons
rien de plus vibrant dans l'œuvre de Millet. Il ne s'ensuit pas de là
que Millet ait été fait pour la décoration des appartements modernes,
la rusticité de sa forme au contraire s'y opposait, et, entre les
silhouettes des personnages qu'il représentait et les mille riens élégants
qui meubleront les salons qu'il était appelé à orner, il y avait un
défaut d'harmonie évident. Nous sommes certain que, dans un grand
vaisseau, sur des tympans de grandes architectures, il aurait produit

DEUX FANEUSES.

Dessin au crayon noir par J. F. Millet.

un grand effet, car il était de ces artistes qui, malgré certaine dureté de leur nature et un caractère entier, savent se placer au point de vue. Cette épreuve, il ne l'a pas tentée, nous ne pouvons donc le juger que dans cette manifestation restreinte. Observons ce dernier point, essentiel dans l'art décoratif, et que Millet a tout à fait rempli : la *tache* générale de chaque panneau est excellente, elle est pleine et vibrante, de sorte que, placé au point de vue, le spectateur n'a point souci des lourdeurs des figures et des vulgarités de la forme, qui disparaissent à distance; et son œil est satisfait.

III

L est impossible de juger l'artiste qui nous occupe si on ne connaît point, soit pour les avoir vus au fur et à mesure de sa production, soit pour les avoir examinés, réunis dans leur ensemble, les deux collections considérables de dessins et pastels de Millet que possédaient autrefois M. Gavet et M. Sensier, et qui ont été dispersés par la vente.

De tout temps on a reconnu que les dessins de Millet ont pour eux une grande allure, cette tournure large et cette ligne générale qui font qu'avant de considérer le rendu, on ressent déjà une impression profonde. Ces premiers dessins au crayon noir sont très nombreux, mais l'artiste, en se tenant dans cette gamme unique, se privait d'effets plus séduisants et s'interdisait tout un vaste champ. Peu à peu (sous l'influence de M. Gavet, dit-on), il mêla le pastel au crayon noir, les combina de manière à colorer légèrement ses teintes, et, peu à peu, n'employant plus que le crayon de couleur, composa des scènes de grande dimension, importantes dans l'œuvre et très nombreuses, puisqu'on en connaît plus de cent. Il ajouta ainsi à l'ensemble de sa production toute une branche considérable de haute valeur et qui, pour notre part, nous a beaucoup plus impressionné que la plupart de ses toiles.

On comprendra facilement que nous ne pouvons donner de cette partie de ses travaux qu'une impression générale, celle qui se dégage de l'examen de l'ensemble ; mais on a réuni ces dessins et pastels dans une exposition spéciale des travaux de François Millet, et elle a produit une véritable émotion dans le monde de ceux qui ont au cœur l'amour profond des choses de l'art. Ce sont ces dessins importants qui arrêtaient dès longtemps le regard d'Hippolyte Flandrin, qu'on aurait cru réfractaire à l'admiration des qualités de Millet.

Choisissons quelques-unes des compositions les plus originales, celles qui sont tout à fait hors ligne.

Les *Trois Meules,* effet d'automne, grande composition d'un horizon vaste, avec tout un troupeau sur le premier plan ; les ondes vivantes des animaux dont les dos pelés *moutonnent* les uns au-dessus des autres sont admirablement rendues. Les meules, chez tant d'autres artistes, sont un tas de paille inerte et sans modelé ; chez lui c'est une masse cherchée, établie, avec son anatomie exacte, sa construction tout à fait savante, basée sur une observation incessante des dépressions habituelles et des défauts d'équilibre amenés par le souffle constant de l'aquilon venant du même point. Le soleil brille, mais il fait froid ; la bergère, instinctivement, s'abrite entre les meules tout en s'offrant aux pâles rayons qui la peuvent réchauffer. Elle veut profiter de ce dernier soleil et s'abriter contre ces premiers vents. Les silhouettes de village à l'horizon sont étonnantes aussi de science de dessin, tout y est, enfermé dans une ligne générale large et vraie.

Un *Coucher de soleil* sur une bruyère. Pour celui qui n'a point le sentiment de la nature et qui n'observe point les effets de la lumière, c'est certainement un hiéroglyphe ou une mystification. Pour l'initié, c'est un poème que cette lande nue qui, entre son premier plan et son

LA CHUTE DES FEUILLES; EFFET D'AUTOMNE; BERGER GARDANT SON TROUPEAU.

Fac-similé d'un dessin de Théophile Chauvel, d'après le pastel de J. F. Millet.

horizon extrême, mesure plusieurs lieues, sans autres épisodes et sans autres accidents que des mottes brunes sur lesquelles pousse la bruyère violacée, déjà passée de ton. Quand le champ devient ciel, la ligne idéale qui sépare la terre du nuage est un prodige d'observation, et la brume violette produite par les tons de la bruyère aux plans extrêmes, et qui rappelle aux yeux cette poussière rosée des arbres qui vont bourgeonner au printemps, indique chez Millet l'œil le plus sensible et le peintre qui sait le mieux rendre, à l'aide d'un procédé borné, un des effets les plus délicats du spectacle de la nature.

La *Rentrée du foin,* grand pastel très enlevé (exécuté, paraît-il, avec une grande rapidité), tellement fait qu'on se demande comment cette main qui semble pesante et ce pinceau large ont pu indiquer au premier plan les milliers de brindilles qui couvrent la terre et les-filaments ténus qui flottent dans l'air, s'échappant des fourches agiles. L'orage va venir, un nuage noir déchire l'horizon enflammé par un rayon jaune; dans une heure le ciel se déchirera et la récolte sera compromise. Dans la plupart de ces dessins il est impossible de se rendre compte du procédé d'exécution; mais l'effet, au point de vue, est extrêmement satisfaisant, et le travail est poussé très loin.

Un *Parc de moutons la nuit,* effet très observé et rendu de souvenir. Daubigny, dans une toile très connue, a abordé le sujet et l'a compris de la même façon. Dans un ciel noir, mais transparent par reflet, la lune en son plein, la lune classique de Musset, le point sur un I, occupe le centre du tableau; le vaste champ est enveloppé dans l'ombre; sur les sillons tracés par la charrue un berger a planté son parc et rentre ses moutons; masses brunes confuses sur des mottes brunes. Les scintillements de l'astre, la justesse des formes dans leur indécision nécessaire, les silhouettes des animaux pressés les uns contre les autres, dont aucun d'eux n'existe pour l'œil qui se rapproche, et qui sont tous si étonnamment justes quand on se place au point de

COUR DE FERME, LA NUIT.

Fac-similé d'un dessin de Théophile Chauvel, d'après le pastel de J. F. Millet.

vue, causent l'impression la plus profonde, et accusent une science tout à fait accomplie des effets.

Je m'arrête, et je devrais insister sur la *Veillée,* la *Falaise,* l'*Entrée de la forêt à Barbizon,* effet d'hiver. L'*Hiver,* un champ plein de givre qui crie sous le pas du chasseur; un ciel étouffé et un village à l'horizon, où les modelés des toits eux-mêmes sont intéressants; le *Retour à la ferme,* composition audacieuse prise, pour ainsi dire, à vol d'oiseau, où le paysan, à midi, rentre déjeuner à la chaumière, au-dessus de laquelle voltigent les pigeons familiers, caché à mi-corps dans un chemin creux entre deux champs plantés. On sent bien que ces descriptions d'œuvres, dont le lecteur ne voit même pas une interprétation, doivent le fatiguer d'autant plus qu'il est forcé de croire sur parole celui qui a vu pour lui. Mais, et nous y revenons, c'est peut-être, dans l'œuvre, le côté le plus pénétrant et le plus complet. Il y a des taches sans doute, des choix discutables, des physionomies si dépourvues de grâce, qu'elles nous heurtent et même nous répugnent; mais disons vite qu'elles appartiennent à une époque éloignée et que, dans cet ordre de productions, Millet, devenu pur esprit, était arrivé probablement à l'apogée de son talent, absolument maître de lui, léger d'allure dans l'exécution et se possédant assez lui-même pour ne jamais dépasser le but ni ne jamais rester en deçà.

Je dis que Millet n'a pas dépassé le but, j'entends au point de vue de l'impression ; mais en ce qui concerne la forme il faut revenir ici avec sincérité sur un côté de son talent qui a éloigné de lui le grand public. Si on dégage de toutes ses compositions l'intensité d'impression qu'elles peuvent produire, par la conviction profonde du peintre, par son observation attentive qui n'est jamais en défaut, sa foi profonde, sa sincérité, sa bonté; toutes choses qui s'échappent de l'œuvre comme un parfum, qui sont inhérentes à l'âme du peintre et émanent d'elle, plutôt qu'elles se lisent dans tel ou tel trait nettement

LA NUÉE DE CORBEAUX; EFFET D'HIVER.

Fac-similé d'un dessin de François Du Mont, d'après le pastel de J. F. Millet.

accentué, on se trouve parfois devant des silhouettes humaines d'un caractère si abrupt, qu'on conçoit véritablement l'éloignement de cette partie du public qu'aux vertes années du romantisme on appelait « les Bourgeois ».

Quelle est, dans toute l'œuvre de Millet, la jeune fille, la villageoise, faneuse ou faucheuse, dont on deviendrait amoureux? Ou même dont on s'arrêterait, sinon à contempler les traits, au moins à admirer la démarche gracieuse, la jolie nuque, le joli geste coquet, et la grâce féminine? Même dans une de ses compositions, véritablement suave par quelque côté : un *Printemps,* qui fait partie de la série des plafonds, ce côté aimable et doux, cette nécessité chez l'homme d'admirer dans la femme ce qui en est le charme, et cette volonté que nous avons de subir l'attrait que la créature humaine que Dieu nous a donnée pour compagne doit exercer sur nous, ne trouve pas encore sa satisfaction. Nous ne pouvons pas admettre que, puisant directement ses inspirations dans la nature, sincères comme étaient ses yeux et sincère son amour de la vérité, Millet, vivant en plein dans la campagne, jusqu'aux genoux dans les grandes herbes, au penchant des ruisseaux, aux lisières des forêts, sous la ramée profonde, aux premiers jours du printemps, ou le soir à la veillée des paysans, n'ait jamais surpris chez ses hôtes, si simples et robustes qu'ils aient été, quelque jolie fille rosée, coquette, pénétrée d'un rayon d'amour, touchée de la grâce d'aimer, qui n'ait révélé sur ses traits, dans sa démarche, la douce langueur d'un cœur bien épris, dans ses gestes la volonté de plaire, dans ses yeux le bonheur de vivre, d'aimer et d'être aimé. Au lieu de cela, on dirait que la plupart de ses paysannes ont à tâche de cacher tout ce qui attire en elles et tout ce qui les fait filles et amantes. Les cheveux, cette séduction des femmes, disparaissent soigneusement cachés sous un mouchoir informe ; la taille est, comme on dit au village, taillée « à coups de serpe » ; le bas tombe sur le

ANES DANS UNE PLAINE PAR LA PLUIE.

Fac-similé d'un dessin de Théophile Chauvel, d'après le pastel de J. F. Millet.

soulier gris de poussière ou noir de boue ; le sein, jeune et vierge, comprimé sous un sarrau, fait de ces torses juvéniles des corps déformés comme à plaisir par celles-là même qui les devraient orner. Que la réalité soit amère, que toutes les poésies *florianesques* et les paysanneries rococo de l'École du xviiie siècle aient rendu la grâce fade, et appelé la réaction de la franche nature et de la vérité ; nous n'y contredisons point. Que les moutons de Boucher, les bergers de Watteau, les *Danses au village* des Pater et des Lancret, les bosquets et les charmilles Pompadour et les amourettes en habit zinzolin, nous aient mieux fait apprécier la sincérité des peintres de la nature sans fard, et, dans ces horizons vrais, des personnages qui la peuplent, aussi vrais et sincères qu'elle ; que cette belle pléiade des paysagistes rénovateurs qui, partis de Constable et du fameux « Corn-field », sont arrivés à Paul Huet, à Rousseau, à Dupré, à Troyon et à Millet lui-même, ait accompli une œuvre saine, une œuvre juste, et ramené l'art dans une voie heureuse, nous en sommes d'accord. Mais il est certain que Millet, parfois, a dépassé le but, comme les ascétiques, qui sont des religieux, et les Alcestes, qui sont des honnêtes gens, vont au delà de ce qui est vrai et juste. Il y a des sourires dans la nature, et Millet semble avoir trop souffert ; sans nous avoir traduit exactement le Paysan de La Bruyère que nous citions tout à l'heure, il s'est volontiers tourné du côté où on souffrait, où, sur la glèbe, on arrachait durement à la terre un pain que la nature, elle, produit en souriant. Voilà évidemment l'écueil du talent de Millet, et si, malgré cette lacune, son œuvre reste si forte et si pénétrée, c'est que la foi est supérieure à tout, c'est qu'en peignant ce qu'il a peint, d'accord avec sa nature, il était vrai, et que la vérité en art est une qualité suprême.

Après avoir essayé de faire comprendre le peintre, nous indiquerons rapidement l'homme.

FANEUSES RELEVANT LES FOINS.

Dessin au crayon noir par J. F. Millet.

Millet avait passé toute sa jeunesse dans les champs; fils d'un berger, il avait gardé quelque chose de cette contemplation du solitaire au milieu de la nature; ce qu'il savait, il l'avait appris lui-même; il allait à l'école le soir et, dès ses premières années, avait montré une grande propension pour les arts du dessin. Plus tard, il s'était fait une seconde éducation par l'étude. Il avait de la lecture, mais c'était surtout par une observation assidue, incessante, qu'il avait constitué le fonds de ses connaissances. Nous avons vu qu'il échappa assez vite aux influences d'école et qu'il ne produisit qu'un très petit nombre de toiles qu'on peut rattacher au genre historique. S'il ne s'affranchit pas plus rapidement, c'est qu'il était né pauvre et qu'il devait, dès ses premières années, soutenir une famille. Les commencements furent très durs, le public prenait cette grande simplicité pour de la pauvreté, et lui reprochait de ne pas faire un choix dans la nature qu'il prétendait représenter dans sa réalité. Les artistes cependant lui firent bientôt sa place, et les discussions esthétiques, soulevées à son propos lors des expositions, tournèrent au profit de sa réputation; on inscrivit son nom parmi ceux des artistes de la pléiade qui formaient cette École hardiment novatrice, qu'on a appelée « l'École de Fontaine-bleau ».

Millet, avec ses tendances et ses goûts, ne pouvait vivre qu'à la campagne; il s'était fixé à Barbizon, à la lisière de la forêt, dans une maison fort simple, presque rustique. Son voisin, Théodore Rousseau, lui avait inspiré une profonde affection en même temps qu'une admiration sans réserve, il le respectait comme un maître et subissait volontiers son influence sans rien perdre de sa propre originalité.

Parmi les contemporains, il avait un culte pour Eugène Delacroix; dans les maîtres anciens, il se sentait attiré vers le Poussin, Claude Lorrain et Ruysdael. Il nourrissait aussi une sorte de tendresse pour le vieux Breughel, et, dans cette maison toute pratique, dans cet atelier

MOISSONNEUR LIANT DES GERBES.

Dessin au crayon noir par J. F. Millet.

d'un travailleur, qui ne pouvait point, comme quelques-uns de ses heureux confrères, s'entourer des œuvres de ceux qu'il aimait; il avait religieusement accroché, à la place où il s'asseyait, un *Hiver* et un *Printemps* de son maître favori. C'était associer au culte de Breughel le souvenir de Rousseau, qui lui resta toujours vif et profond jusqu'à sa dernière heure.

Dans l'atelier, assez grand et très vide, une énorme armoire, dans laquelle il enfermait les grands pastels commencés, formait à peu près tout l'ameublement; les chevalets étaient vermoulus, à peine assez solides pour tenir le cadre commencé; mais là encore, à côté de nombreux moulages d'après l'antiquité et des métopes du Parthénon, on voyait un *Repas de noce* de Breughel et une autre toile d'un Flamand. Le jardin était bien modeste et laissé dans toute sa rusticité, un jardin de curé, qui lui a fourni pour le détail les éléments d'un tableau d'une très étonnante exécution, la *Cueillette des haricots*, qu'Edmond Hédouin a reproduit à l'eau-forte. La maison était vivante, active avec cette nombreuse famille, et le père était choyé de tous[1].

Millet avait l'abord simple, ouvert, le cœur hospitalier; sa physionomie était douce et bonne; c'était un homme plus profond que brillant et dont l'enveloppe était un peu pesante. Dans ce milieu des champs, sans entraves, où il n'était pas forcé de faire de concessions et de s'imposer une tenue rigoureuse, il s'était voûté un peu prématurément: il était physiquement, avec sa physionomie propre, de cette race à laquelle on peut rattacher Rousseau et Troyon.

Même quand il parlait d'art, il exprimait ses idées avec une certaine difficulté, il tâtonnait dans l'expression, il sentait si juste que le mot lui semblait toujours au-dessous du sentiment; celui qui l'écoutait avec intérêt comprenait vite qu'une source féconde de pensées bouillonnait

---

1. Ce tableau a un intérêt tout particulier, car non seulement il représente la maison paternelle de l'artiste, mais la femme qui fait la cueillette des haricots est le propre portrait de sa mère.

SOINS MATERNELS. — Dessin à la plume par J. F. Millet.

en lui et ne trouvait point une issue facile. Il fallait donc bien le
connaître pour l'apprécier à sa juste valeur.

Avec la conscience de son mérite et la juste mesure de ses facultés,
Millet ne heurtait jamais personne par ces éclats d'orgueil qui révèlent
chez quelques artistes, avec une opinion exagérée de leur propre
mérite, un indicible dédain des personnalités qui les entourent. Quand
il voyait la foule s'amasser devant des œuvres vulgaires ou malsaines,
au lieu de se répandre en invectives, il avait des gestes négatifs et
des muettes réticences d'un éclatant mépris.

Loyal, droit, accueillant et d'une simplicité qui avait véritablement
sa grandeur, il vivait en père de famille qui ne peut perdre de vue
le toit de son foyer et qui, ici-bas, a borné son horizon au travail et
à l'affection des siens. Il avait eu quatorze enfants, il lui en est resté
neuf au moment de sa mort.

A la fin de sa vie, Millet, sans que ses œuvres aient jamais atteint
de grand prix, avait trouvé un débouché assuré et un public restreint,
mais fidèle. Il avait aussi des revenus fixes basés sur la production
régulière et incessante de dessins et pastels qui ont constitué une collection considérable aux mains d'un amateur; mais ceux qui ont compté
avec les nécessités de la vie comprendront aisément qu'un artiste, qui
a eu à répondre de l'existence physique et morale de dix êtres qui lui
sont chers, n'ayant pour tout patrimoine que son cerveau et sa main,
gêné d'ailleurs par l'*impedimentum* d'une conscience qui l'empêchait
de sacrifier à la mode du jour, devait fatalement mourir pauvre, si
bien que la nature l'ait doué et si vaillant qu'il ait été.

Millet n'a jamais eu de révolte contre l'état des choses qui devait
fatalement le conduire, malgré de constants efforts, à laisser derrière
lui une famille dans un état précaire; il fut notre contemporain à
tous, sa mort date de quelques années à peine, et cependant, nous
pouvons dire qu'il appartint à une époque où le premier souci des

PAYSANNE RACCOMMODANT SON LINGE.

Dessin à la plume par J. F. Millet.

LE REPOS DE MIDI.

Croquis à la plume de J. F. Millet.

artistes était le souci de la production, et non celui du brillant débouché qu'elle pouvait trouver. Millet était religieux, il lisait la Bible en
famille, il se sera dit que Dieu bénit les grandes familles; et il peignit,
selon son cœur, ce qui le touchait davantage; sans se demander si,
avec sa première habileté pratique de décorateur, il n'aurait pas pu
arriver, tout comme un autre, sinon à la fortune, au moins à une
aisance qu'il n'a jamais connue, et dont il se soucia moins que de se
mettre d'accord avec sa conscience d'artiste. C'est la gloire de l'homme
de bien, en même temps que c'est le titre du maître aux yeux de la
postérité.

TABLE
DES
GRAVURES